NOTICE

HISTORIQUE

SUR LA VIE ET LES MÉMOIRES

DE M. LE MARQUIS

D'EYRAGUES

ANCIEN MINISTRE PLÉNIPOTENTIAIRE DE FRANCE

PARIS

E. PLON et Cie, IMPRIMEURS-ÉDITEURS

10, RUE GARANCIÈRE

—

1876

Tous droits réservés

NOTICE

HISTORIQUE

SUR LA VIE ET LES MÉMOIRES

DE M. LE MARQUIS

D'EYRAGUES

ANCIEN MINISTRE PLÉNIPOTENTIAIRE DE FRANCE

PARIS

E. PLON et Cie, IMPRIMEURS-ÉDITEURS

10, RUE GARANCIÈRE

—

1876

Tous droits réservés

NOTICE HISTORIQUE

SUR M. LE MARQUIS

D'EYRAGUES

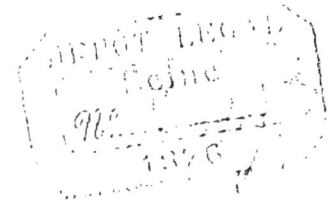

L'auteur et les éditeurs déclarent réserver leurs droits de reproduction et de traduction à l'étranger.

Ce volume a été déposé au ministère de l'intérieur (section de la librairie) en février 1876.

PARIS. TYPOGRAPHIE DE E. PLON ET Cie, RUE GARANCIÈRE, 8.

NOTICE

HISTORIQUE

SUR LA VIE ET LES MÉMOIRES

DE M. LE MARQUIS

D'EYRAGUES

ANCIEN MINISTRE PLÉNIPOTENTIAIRE DE FRANCE

PARIS

E. PLON et Cie, IMPRIMEURS-ÉDITEURS

RUE GARANCIÈRE, 10

1876

Tous droits réservés

NOTICE HISTORIQUE

SUR M. LE MARQUIS

D'EYRAGUES

Un homme ne meurt pas tout entier quand il laisse après lui des Mémoires et des souvenirs qui sont comme le reflet de sa vie et le miroir fidèle de son esprit et de son cœur; et quand cet homme a été non-seulement un homme de bien, mais un homme d'État et d'action, observateur pénétrant et judicieux des hommes et des choses de son époque, ses Mémoires ne sont plus seulement la consolation de ceux qui le regrettent et qui le pleurent, ils ont une portée plus haute encore, car les tableaux tracés de sa main deviennent des pages d'histoire dans lesquelles le caractère moral des hommes et la vraie raison des choses reparaissent et revivent sous les traits de son pinceau.

M. le Marquis d'Eyragues a été l'un de ces hommes : entré à l'âge de dix-huit ans dans la carrière diplomatique, il en a parcouru successivement tous les degrés, les marquant et les honorant tous par la distinction et l'importance de ses services. Placé au début de sa carrière dans des postes élevés, mis en contact personnel avec des hommes considérables, témoin de grands événements et de grands faits, il en a consigné le récit dans des notes qu'il écrivait au jour le jour, et sous l'impression toute fraîche des événements qu'il retraçait. Ces notes, dont la touche vive et familière, supérieure et sans apprêt, atteste une main de maître, ont été recueillies et mises en ordre par la tendre piété de celle qui, après avoir été la digne compagne de sa vie, porte depuis deux ans, avec la constance d'une âme chrétienne, le mortel chagrin de lui survivre. Elles forment, sous le titre de *Mémoires pour mes fils,* un volume de près de quatre cents pages, dont la lecture, pleine de charme et d'intérêt, se recommande à l'attention et au respect de tous ceux qui aiment à rencontrer dans un auteur l'impartialité, la précision et la mesure, relevées encore dans les Mémoires de M. le Marquis d'Eyragues par un cachet incomparable de distinction, de franchise, de profondeur et de bon sens.

Ces Mémoires, dont une longue et respectueuse affection de trente-cinq ans nous a mérité la confidence, n'ont pas été écrits pour le public : ils sont adressés à ses deux fils, et destinés, dans la pensée de leur auteur, à transmettre aux héritiers de sa personne et de son nom le souvenir des traditions qui témoignent de l'illustration de sa famille, et celui des événements auxquels il a lui-même pris part dans le cours de sa longue et belle carrière.

Son œuvre est donc surtout et avant tout une œuvre intime : c'est un récit simple, facile, sans prétention, et comme une promenade qu'il fait faire à ses enfants à travers les hommes et les choses qu'il a vus, qu'il a connus, qu'il décrit et qu'il juge avec une simplicité pleine de richesses, une bonté affable et indulgente, une haute raison sans amertume.

« Quand je trouve dans un ouvrage, écrivait il y a deux siècles le Marquis de Vauvenargues, une grande imagination avec une grande sagesse, un jugement net et profond, des passions hautes mais vraies, nul effort pour paraître grand, une extrême sincérité et point d'art que celui qui vient de l'esprit et du cœur, je respecte l'auteur, je l'estime, et je m'attache à lui par les côtés les plus généreux de ma conscience et de mon âme. »

Ces sentiments s'imposeront invinciblement à tous ceux qui auront, comme je l'ai eue moi-même, l'heureuse fortune de lire les Mémoires de M. le Marquis d'Eyragues; car il s'y peint au naturel, et il y reparaît tel qu'il a été, tel que nous l'avons connu, aimé et honoré, c'est-à-dire un homme vraiment supérieur, un esprit d'une forte trempe, une âme d'une grande élévation et un grand cœur.

Ce fut en 1805, à la Nouvelle-Orléans, le 1ᵉʳ janvier, que naquit M. d'Eyragues. Sa famille, l'une des plus considérées de la Provence, avait été ruinée et dispersée par la révolution.

Son grand-père, mort en 1818, maréchal de camp des armées du Roi, avait suivi dans l'émigration les officiers du régiment de Durfort-Dragons, dans lequel, après avoir fait sous Louis XV toute la guerre de Sept ans, il servait en 1790 en qualité de major. Forcé d'abandonner sa famille et son pays devant les menaces et les forfaits de la révolution, qui avait éclaté en Provence avec plus de violence encore que dans le reste de la France, il avait emmené son fils, âgé seulement de quatorze ans.

Le père de M. d'Eyragues était, à cette époque, un beau jeune homme, d'une tournure élégante, très-développé et très-grand pour son âge, d'un caractère ardent et généreux; il fut placé, comme cadet-gentilhomme, dans un régiment de l'armée de Condé, et commença, sous les ordres de son père, cette rude carrière d'épée, qui avait été celle de ses ancêtres, et dans laquelle il devait lui-même, trente ans plus tard, trouver une mort glorieuse devant l'ennemi.

La grand'mère de M. d'Eyragues, demeurée seule en Provence avec sa fille, mariée quelques années plus tard au Marquis de Graveson, y traversa courageusement les épreuves et les souffrances de ces années terribles, et conserva jusqu'à l'âge de quatre-vingt-sept ans la sérénité, le courage et la constance dont son petit-fils a recueilli certainement le précieux héritage.

Madame la Marquise d'Eyragues, née Moreau des Iles, appartenait à une famille qui possédait à Saint-Domingue une fortune considérable que la révolution devait bientôt anéantir; et ce fut précisément le soin de cette fortune et l'espérance d'en reprendre possession qui conduisirent en 1804 à Saint-Domingue le père de M. d'Eyragues, tout récemment marié à mademoiselle Guyon de Montigny, pour laquelle il avait conçu la passion la plus vive, et qui s'en montra digne à tous égards, par la fermeté d'âme dont elle fit preuve dans les circonstances vraiment épouvantables qui les contraignirent tous deux à se réfugier en Amérique.

Les péripéties et les détails de leur évasion de Saint-Domingue ne se peuvent lire sans émotion. Arrachés violemment d'une habitation somptueuse, passant presque sans transition du luxe raffiné des colonies aux privations et aux contraintes de la pauvreté la plus dure, ils subirent gaiement, grâce à l'énergie de leur jeunesse et grâce à la tendre intimité de leur union, des dangers et des souffrances dont M. le Marquis d'Eyragues a recueilli de sa mère et consigné dans ses Mémoires le touchant et dramatique récit.

C'est ainsi, dit-il, que je suis né le 1er janvier 1805 à la Nouvelle-Orléans, sous le drapeau des États-Unis, en terre étrangère, bien loin de la patrie. — Il y fut, du reste, ramené par ses parents l'année suivante, et pieusement élevé sous les yeux de sa mère et par ses soins; car le père de M. d'Eyragues, cédant aux instincts militaires de sa race, s'était, à son retour en France, engagé comme volontaire sous les ordres de son oncle le général Comte d'Agoult. Devenu bientôt officier, décoré par l'Empereur en 1800, à la suite d'un brillant fait d'armes dans lequel il fut blessé, le père de M. le Marquis d'Eyragues prit part à toutes les grandes batailles de cette époque mémorable. Il était officier d'ordonnance du Prince de Neuchâtel à la bataille de la Moscowa, et il avait échappé à l'incendie de Moscou, aux fatigues et aux dangers de la retraite; il avait même passé la Bérézina sain et sauf, lorsqu'aux portes de Thorn, où il venait de porter des dépêches du major général, il tomba fortuitement dans un parti de Cosaques et fut emmené prisonnier au fond de la Russie.

Lorsque, en 1814, après une longue et douloureuse captivité, M. d'Eyragues revint en France, son fils avait dix ans. Placé par son père au collége de Versailles, il y fit de brillantes études, et se prépara courageusement, en dépit de sa constitution délicate, à entrer à Saint-Cyr, où l'appelaient les traditions de sa famille et les désirs de son grand-père et de son père. Six ans plus tard, au mois d'août 1821, il en passait les examens avec un grand succès, car il y était admis le vingt-quatrième sur une liste de deux cents.

La carrière de M. d'Eyragues semblait dès lors fixée; et il était prêt à s'y dévouer avec la résolution et la constance qui faisaient le fond de sa nature, quand il tomba malade d'une fièvre typhoïde qui le conduisit en quelques jours aux portes du tombeau. Il en revint cependant, grâce aux soins de sa mère; mais la gravité de cette maladie terrible et la longueur de sa convalescence durent changer nécessairement à son égard les projets de son père.

M. d'Eyragues ne devait pas être soldat. Dieu l'appelait à une vocation, je ne dis pas plus haute, mais plus conforme à ses aptitudes et à ses goûts, ainsi qu'aux rares qualités d'esprit dont l'avait doté la Providence.

Au moment de la rentrée des cours, M. d'Eyragues était encore si dangereusement malade qu'il ne put naturellement songer à se rendre à Saint-Cyr; aussitôt qu'il fut en état de voyager, les médecins l'envoyèrent en Provence pour tâcher d'y rétablir sa santé profondément atteinte. Il y passa toute une année auprès de sa grand'mère, dont il nous a laissé dans ses Mémoires un portrait charmant et achevé. C'était, nous dit-il, une petite femme d'un esprit mâle, un peu haut et peu tendre, mais aimable et généreux. Vrai type des grandes Dames d'autrefois, elle connaissait très-bien le monde et s'y plaisait beaucoup. M. d'Eyragues gagna promptement son cœur par ses bonnes manières, ses goûts élégants et distingués, sa précoce intelligence, et ce qui est le signe caractéristique d'un jeune homme bien né et bien élevé, par sa déférence et son respect pour les personnes âgées. — Son père, alors aide de camp du général Maurice de Caraman, vint le rejoindre au château d'Eyragues avec sa mère : ils y passèrent ensemble l'automne de 1822, qui fut pour M. d'Eyragues un temps de joie, d'intimité, de calme et de bonheur, dont l'impression douce et profonde ne s'est jamais effacée de sa mémoire, ni de son cœur.

Cependant, il fallait nécessairement songer à l'avenir; et, la carrière militaire décidément abandonnée, il s'agissait d'en adopter une autre; car l'inoccupation et l'inaction répugnaient aux instincts élevés de sa nature et aux justes ambitions de son esprit.

Ce fut le Comte Maurice de Caraman, dont le frère était ambassadeur à Vienne, qui suggéra le premier l'idée de la diplomatie. — Mais la carrière diplomatique, précisément parce qu'elle réclame des conditions, des aptitudes, des qualités multiples, est d'un accès incertain et difficile; et si influentes que fussent à cet égard les relations et les alliances de sa famille, si puissant que pût être en sa faveur le patronage de M. le Duc de Caraman, M. d'Eyragues attendait sans impatience, mais avec quelque anxiété, la réalisation de ses désirs, lorsqu'une catastrophe aussi imprévue que douloureuse vint brusquement décider de son sort en brisant, hélas! et pour toujours, les premières et les plus chères affections de sa jeunesse.

Lorsqu'au printemps de l'année suivante, en effet, le gouvernement du Roi Louis XVIII se décida à intervenir à main armée dans les affaires d'Espagne, son père fut attaché, sur sa demande, à l'état-major du général Baron de Damas, qui commandait lui-même, sous les ordres du maréchal Moncey, une division destinée à opérer en Catalogne. La campagne durait depuis sept mois : le commandant d'Eyragues, très-souffrant de la dyssenterie, venait d'obtenir une permission d'un mois pour aller se reposer et se guérir à Perpignan, pendant que la division de Damas restait inoccupée devant Figuières, lorsque, la veille même de son départ, le Baron de Damas reçut du maréchal Moncey l'avis qu'une colonne ennemie, trompant la surveillance du général en chef, se dirigeait sur lui pour le surprendre. Consulté par M. de Damas qui avait une juste confiance dans l'expérience militaire de M. d'Eyragues, celui-ci proposa de réunir immédiatement le peu de soldats disponibles qu'il avait auprès de lui, de se mettre lui-même à leur tête, et de marcher résolûment à l'encontre de la colonne ennemie.

Hélas! il y trouva la mort, la plus glorieuse sans doute et la plus belle qu'un soldat puisse envier, mais qui empruntait pour ses amis et sa famille un caractère plus douloureux et plus amer encore de cette circonstance que quelques heures plus tard il devait se retrouver en France, et qu'il tombait frappé d'une balle au cœur au moment où sa femme et ses enfants l'espéraient et l'attendaient dans la confiance et la sécurité.

Ce fut une dure et lamentable épreuve pour le cœur de son fils qu'il laissait orphelin, alors que ses conseils et son appui lui étaient si nécessaires; et cependant, ce fut ce coup si imprévu et si terrible qui fut précisément l'aurore de sa fortune, et le moyen dont se servit la Providence pour placer définitivement M. d'Eyragues dans sa vocation et dans sa voie.

Le Baron de Damas, devenu ministre de la guerre à son retour d'Espagne, l'attacha tout d'abord à sa personne en qualité de secrétaire; puis il l'emmena naturellement aux affaires étrangères, quand, quelques mois plus tard, il y remplaça comme secrétaire d'État M. de Chateaubriand.

M. d'Eyragues voyait enfin s'ouvrir pour lui l'entrée du corps diplomatique, et l'on peut dire en vérité qu'il y était chez lui. Il avait, en effet, tout ce qu'il faut pour se distinguer dans une carrière qui demande une réunion de qualités et d'aptitudes qui se rencontrent difficilement ensemble. Car la carrière diplomatique n'appartient pas à tout le monde; et si instruit, si dévoué, si résolu qu'il soit ou qu'il puisse être, le premier venu n'y suffit pas. « Tant qu'on n'a » qu'à ordonner, disait de M. de Narbonne » l'Empereur Napoléon Ier, l'énergie, le dé-

» vouement et la fidélité suffisent; mais
» quand il s'agit de négocier, c'est autre
» chose. C'est un art difficile qui réclame
» des qualités, des affinités et des instincts
» que l'expérience éclaire, mais que l'étude
» ne donne jamais. » Il faut, en effet, pour
réussir, et sans parler des avantages personnels que la naissance et la bonne éducation procurent, la sagacité qui devine, la prudence qui attend, l'habileté qui profite, le dévouement qui ose. Ce qu'il faut, c'est la loyauté qui attire, la mesure qui réserve, la dignité qui impose, et par-dessus tout, le culte de la vérité. Car la loyauté, la sincérité, la droiture, n'en déplaise aux esprits superficiels qui vont étudier la science diplomatique dans les vaudevilles de M. Scribe, sont les qualités indispensables d'un diplomate qui veut faire consciencieusement les affaires de son pays. Il n'y a rien de plus habile en politique que la droiture : « En s'écartant volontairement de la vérité, écrit

M. le Baron de Hübner dans son *Histoire de Sixte-Quint,* le diplomate manquerait non-seulement au premier de ses devoirs, mais il s'exposerait encore immédiatement à la découverte de sa faute, et par là à une ruine certaine : car il sait que son gouvernement est constamment renseigné sur la marche des négociations dont il est chargé lui-même, par les communications du représentant de la Cour avec laquelle il négocie. Il n'ignore pas non plus que les autres membres du corps diplomatique mettent le plus grand prix à suivre de loin les négociations auxquelles ils ne prennent pas part eux-mêmes; qu'ils en pénètrent souvent le secret, et s'empressent d'en donner connaissance à leurs gouvernements. De là le double contrôle de sa correspondance diplomatique qui le maintiendrait dans les limites de la vérité, s'il n'y était maintenu par le devoir et par l'honneur. »

L'honneur et le devoir! voilà bien les

règles invariables qui ont, pendant tout le cours de sa carrière, inspiré les pensées et les actions, illustré les services de M. le Marquis d'Eyragues : ils étaient, si je puis le dire, l'essence même de son cœur; et, à ces qualités précieuses et rares, il joignait une intelligence précoce, un esprit observateur et clairvoyant, une grande assiduité au travail, une discrétion et une réserve qui lui valurent d'emblée la bienveillance et la confiance des hommes qui inspiraient et dirigeaient à cette époque la politique extérieure de la Cour des Tuileries.

Admis dans la plus affectueuse familiarité de M. le Baron de Damas; devenu le favori de M. Bourgeot, chef de la division politique et, après le ministre, le personnage le plus important du ministère, M. d'Eyragues, dans la bienheureuse aurore de ses dix-neuf printemps, se vit chargé d'ouvrir et d'analyser les dépêches que le courrier apportait chaque jour de tous les coins du monde, et d'en placer le résumé sous les yeux du ministre. C'était une tâche difficile et délicate, qui réclamait, de la part de celui qui en était chargé, beaucoup d'application et beaucoup d'exactitude, une grande intelligence et une grande discrétion, mais qui avait pour lui le précieux avantage de l'initier aux questions les plus intéressantes et les plus graves de la diplomatie.

***

Cette vie si occupée, si douce et si brillante, fut momentanément interrompue par deux magnifiques voyages, dont M. le Marquis d'Eyragues a laissé dans ses Mémoires le plus intéressant récit. Le premier fut à Lisbonne, où il alla porter le collier de l'ordre du Saint-Esprit, destiné au roi Jean VI, ainsi que diverses autres décorations accordées par le Roi Louis XVIII à tous les principaux personnages qui avaient pris part à la contre-révolution qui venait de s'accomplir en Portugal. La physionomie de cette petite Cour, les intrigues dont elle était le centre, les rivalités qui se disputaient l'influence et le pouvoir, et particulièrement les portraits du Roi, de la Reine, de l'Infant don Miguel, du Marquis de Chaves, du Vicomte de Sylvina du Marquis de Palmella, etc., sont racontés et tracés avec une précision qui les fait en quelque sorte revivre sous nos yeux. Le récit de l'audience accordée par la Reine à M. d'Eyragues au château de Caylus est particulièrement curieux à lire par les détails qu'il renferme sur la toilette extravagante, la conversation animée, les gestes désordonnés de cette princesse. Cette auguste famille n'était rien moins qu'intéressante à voir; et M. d'Eyragues, qui la contemplait avec ses yeux de vingt ans, eût pu la prendre, en vérité, pour une collection de magots, s'il n'avait aperçu, en sortant de chez la Reine, à travers les carreaux d'une fenêtre sans rideaux, un charmant visage de jeune fille qui le regardait en souriant : c'était la plus jeune des Infantes, celle qui épousa plus tard le Marquis de Loulé, et dont la société de Paris a longtemps admiré la grâce et l'élégance.

Le second voyage diplomatique de M. d'Eyragues fut plus attrayant et plus intéressant encore que le premier; car il le mit à même de traverser l'Europe entière pour aller saisir et étudier, dans toute la splendeur et la férocité de ses mœurs asiatiques, cet empire ottoman, tel qu'il existait encore à cette époque, avec ses janissaires indisciplinés et turbulents, ses procédés violents et sanguinaires, son mépris pour les Francs, mais aussi avec les splendides costumes de ses pachas, de ses officiers, de ses fonctionnaires et de toutes les classes de sa population.

Chargé de porter à M. le général Guilleminot, notre ambassadeur près le Sultan, des instructions relatives à la question grecque qui absorbait, en 1825, l'attention des cabinets européens, M. d'Eyragues dut se rendre d'abord à Vienne, puis de Vienne à Giurgewo, où, montant bravement à cheval, il y resta sept jours et six nuits, presque sans débrider, avant de faire dans la ville de Stamboul, comme les Turcs appellent Constantinople, une entrée que la férocité des chiens, d'une part, et le fanatisme de la population turque, de l'autre, ne firent rien moins que triomphale.

Ce long et fatigant voyage est raconté avec l'entrain, le charme et la gaieté de la jeunesse; mais on y rencontre de la part de son auteur une observation profonde, intelligente et fine, qui donne aux moindres de ses paroles un réel intérêt. C'est le propre, en effet, d'un esprit pénétrant de ne rien observer d'inutile, mais de relever exactement les choses, les incidents et les détails qui peignent d'un mot le caractère et la physionomie des hommes qu'il met en scène. On sent que ce jeune attaché de vingt ans porte en lui l'étoffe d'un diplomate, et que dans les grandes affaires dont il aura plus tard le soin et la conduite il saura se maintenir toujours dans les lignes de la mesure et de la vérité. Le vieux Prince de Metternich, qui se connaissait en hommes, l'avait ainsi jugé du premier coup. Ayant appris, lors du passage de M. d'Eyragues à Vienne, l'arrivée d'un attaché au cabinet du Baron de Damas, porteur de dépêches pour l'ambassadeur de France à Constantinople, le Prince voulut le voir : il le garda plus d'une heure dans son cabinet, et fut si favorablement touché de la rectitude de son langage et de la justesse de son esprit, que, traversant Paris quelques semaines plus tard pour se rendre à Milan, il fit, non-seulement à M. de Damas, mais au Roi Charles X lui-même, le plus obligeant éloge de ce jeune attaché, dont la conversation et la personne l'avaient particulièrement frappé.

Après deux mois de séjour à Constantinople, M. d'Eyragues se remit en route pour revenir en France, parcourant en seize jours un trajet de huit cents lieues. M. de Damas, son premier protecteur, était toujours ministre; mais d'après son conseil et sur la demande de M. Bourgeot, M. d'Eyragues quitta le cabinet pour passer à la direction politique, où il commença son véritable apprentissage diplomatique à l'école de cet homme aimable et distingué qui fut au ministère le prédécesseur de M. Desages. Il y travailla pendant près de deux ans, en compagnie de M. de Pontois, devenu plus tard ambassadeur à Berne, de M. de Blanriez, de M. de Vaubicourt et de

M. Cintrat, ce Nestor de la diplomatie française, ce fidèle représentant des grandes traditions de notre politique, et que nous avons encore la consolation de voir, en dépit de ses quatre-vingt-cinq ans, dans la pleine possession de son vaillant esprit.

On aime à retrouver dans les récits de M. le Marquis d'Eyragues les noms et le souvenir des hommes au milieu desquels s'est écoulée sa jeunesse diplomatique, et qui sont devenus, comme lui-même, nos prédécesseurs et nos maîtres dans la noble et difficile mission de représenter la France à l'étranger.

Il en est un particulièrement dont M. d'Eyragues a conservé, dans la plus intime partie de son cœur, la chère et vénérée mémoire. C'est M. le Comte de la Ferronays. — M. de la Ferronays était ambassadeur de France à Saint-Pétersbourg, lorsqu'en 1826 M. de Damas y envoya M. d'Eyragues en qualité de troisième secrétaire. M. de la Ferronays jouissait auprès de l'Empereur Nicolas, monté récemment sur le trône de Pierre le Grand, dans les conjonctures les plus dramatiques et les plus graves, de toute la considération et de toute la confiance dont un ambassadeur peut jouir auprès du Prince à la cour duquel il est accrédité. On ne pouvait souhaiter un chef plus complétement digne d'attachement et de respect; et la Providence semblait, en vérité, conduire par la main M. d'Eyragues, en l'envoyant servir sous les ordres d'un homme qui est demeuré et qui demeurera toujours, dans le souvenir de ceux qui l'ont connu, le type achevé de la loyauté, de l'honneur et de la bonté. Qui n'a lu le *Récit d'une Sœur* (1), et qui ne voit par conséquent ce que durent être pour un jeune homme du caractère et de l'esprit de M. d'Eyragues le privilége et le bon-

---

(1) *Récit d'une Sœur,* par madame Augustus CRAVEN, née de la Ferronays.

heur de vivre sous les exemples et sous les yeux d'un tel chef, et dans un intérieur aussi charmant et aussi distingué que le sien? — Nous pouvons en parler par expérience, car nous avons retrouvé quinze ans plus tard, auprès de M. le Marquis d'Eyragues lui-même, le rare privilége et le bonheur inappréciable de commencer comme lui notre carrière sous le patronage d'un chef dont la bienveillance et les exemples ont été pour nous ce que les exemples et la bienveillance de M. de la Ferronays avaient été pour lui.

Des circonstances exceptionnelles vinrent bientôt ajouter un intérêt puissant à toutes les conditions de satisfaction et de bien-être que M. d'Eyragues rencontrait à Pétersbourg. L'époque du couronnement de l'Empereur approchait en effet, et cette grande capitale, déjà par elle-même si brillante et si belle, allait devenir le rendez-vous de tout ce que l'Europe comptait en hommes d'État de plus considérable et de plus grand.

Ce fut, pendant quelques semaines, comme un défilé de Princes, de Maréchaux, de Diplomates, accourus à Pétersbourg et à Moscou pour jouir des splendeurs de ce spectacle, et pour y représenter leurs souverains en qualité d'ambassadeurs extraordinaires, spécialement accrédités à cet effet. Le maréchal Marmont y représentait le Roi Charles X; le Duc de Devonshire, le Roi d'Angleterre; le Prince de Hesse-Hombourg, l'Empereur d'Autriche; le vieux maréchal de Stedingk, qui avait assisté au couronnement de l'Empereur Paul, représentait la Suède; le Roi de Prusse avait envoyé son propre fils, le Prince Charles, frère cadet de la nouvelle Impératrice. Chacun de ces ambassadeurs avait amené une suite nombreuse; celle de M. le Duc de Raguse ne comptait pas moins de vingt personnes, choisies parmi tout ce que l'armée et la noblesse françaises avaient de plus illustre et de plus élégant. — Tout ce monde se transporta à Moscou au mois d'août 1826, et ce fut au Kremlin, dans la magnifique Église de l'Assomption, que s'accomplit avec une pompe tout orientale le couronnement de l'Empereur Nicolas. Cette cérémonie, déjà si imposante par elle-même, fut encore rehaussée par un incident aussi imprévu que dramatique. Le Grand-Duc Constantin, en effet, frère aîné de l'Empereur, était inopinément arrivé de Varsovie pour démentir par sa présence tous les doutes qui pouvaient subsister encore à l'endroit de sa volontaire renonciation au trône. Ce fut donc avec une émotion profonde qu'on vit ce Prince s'agenouiller devant son frère pour lui prêter foi et hommage, et qu'on vit l'Empereur, à son tour, le relever immédiatement pour le serrer entre ses bras. Cette scène émouvante et dramatique est admirablement racontée dans les Mémoires de M. d'Eyragues, et il faut reconnaître avec lui-même qu'un pareil désintéressement est unique dans l'histoire et vraiment digne de l'admiration des hommes.

Les fêtes finissaient, et M. d'Eyragues s'apprêtait à retourner à Pétersbourg avec le personnel de l'ambassade, lorsqu'il reçut la nouvelle imprévue de sa nomination au poste de secrétaire de légation à Copenhague. C'était sans doute un événement heureux pour sa carrière; car c'était, au point de vue de son avancement hiérarchique, un pas nouveau qu'il y faisait. Mais si avantageux qu'il fût sous ce rapport, ce déplacement ne pouvait s'accomplir pour lui sans déplaisir et sans regret.— Il devait se séparer, en effet, d'un chef qu'il vénérait et qu'il aimait, qui l'honorait lui-même d'une amitié pleine de confiance;

il lui fallait enfin quitter une situation à laquelle les grandes négociations dont il était témoin, et les grandes affaires dont il avait sa part, prêtaient un intérêt puissant et attachant. Tomber des hauteurs et des splendeurs de la Cour de Russie dans la modeste insignifiance de la Cour de Copenhague n'était rien moins que réjouissant pour un esprit laborieux et distingué, qui avait le goût des grandes affaires et la juste ambition de les traiter un jour. Mais c'est le propre d'un esprit sage d'accepter sans défaillance et sans révolte les accidents et les surprises qui se rencontrent nécessairement en toutes carrières, et qui sont plus nombreux et plus fréquents qu'ailleurs dans la carrière diplomatique. En dépit des regrets bien naturels que lui causait un déplacement qu'il n'avait rien moins que désiré, M. d'Eyragues se résigna promptement, et il en fut récompensé par deux circonstances relativement heureuses, dont la première particulièrement lui a laissé des impressions et des souvenirs qu'il n'aurait jamais eu, sans elle, la bonne fortune de recueillir. — M. le maréchal Marmont, en effet, qui se trouvait au moment de retourner en France, lui proposa obligeamment de voyager avec lui jusqu'à Varsovie. Cette proposition était pour M. d'Eyragues une faveur d'autant plus grande que les relais du Maréchal devaient être, d'une part, régulièrement et soigneusement préparés sur toute la route, et qu'il devait, de l'autre, visiter en passant les principaux champs de bataille de la campagne de Russie. — C'est ainsi qu'emmenant dans sa voiture le Comte Victor de Caraman, qui avait fait lui-même cette campagne comme capitaine d'artillerie, M. d'Eyragues parcourut, avec un intérêt et une émotion dont ses Mémoires ont conservé l'empreinte, ces tristes et sauvages contrées qu'avait autrefois parcourues son père, où s'était accomplie la plus terrible catastrophe qu'ait peut-être jamais enregistrée l'histoire.

Il se sépara du Maréchal à Varsovie, et continua solitairement son long voyage, traversant successivement la triste capitale de ce vilain pays qui s'appelle la Prusse, où les grandes routes n'existaient pas encore ; puis la belle et opulente ville de Hambourg, siége d'un vaste commerce avec le monde entier ; puis enfin le Holstein, le Schleswig et le Jutland, pour arriver à Copenhague par une triste journée du mois d'octobre 1826. — Il y trouva la seconde compensation des regrets que lui avait causés son départ de Pétersbourg ; car M. le Marquis de Saint-Simon, ministre de France à Copenhague, attendait impatiemment M. d'Eyragues pour l'accréditer auprès du gouvernement danois en qualité de chargé d'affaires, et pour se rendre lui-même en congé à Paris. — C'était une chance on ne peut plus heureuse que de devenir chef de mission à vingt-deux ans ; cette chance cependant ne laissait pas d'être redoutable ; car la mission d'un chargé d'affaires, si peu considérable que soit d'ailleurs l'importance politique du gouvernement auprès duquel il est accrédité, réclame un tact, une mesure, une circonspection et une prudence qui ne sont pas dans les moyens de tout le monde, et qui répugnent pour l'ordinaire aux entraînements et aux instincts de la jeunesse. Mais dans un cœur bien né la valeur n'attend pas le nombre des années ; et pendant les nombreux intérims que lui valut à Copenhague l'humeur voyageuse de M. de Saint-Simon, M. d'Eyragues s'en tira avec honneur, suppléant par une réserve judicieuse, par un grand et naturel bon sens, à ce que sa grande jeunesse manquait encore en expérience des hommes et des affaires. Il sut montrer, dans un pays qui avait depuis 1815 perdu son ancienne importance, qu'à l'occasion et sur un terrain moins pauvre et moins ingrat, il était capable de bien voir, de bien juger et de bien faire.

✦

M. le Marquis d'Eyragues se trouvait accidentellement en France en vertu d'un congé, lorsque la révolution de 1830 vint renverser en quelques jours le trône, et jeter dans l'exil la branche aînée de la maison de France. Sa douleur et ses regrets furent profonds et sincères; mais il était trop jeune pour briser à jamais une carrière dans laquelle il débutait à peine et qu'il affectionnait profondément. M. le Comte Molé, ministre des affaires étrangères du nouveau gouvernement, le reçut à merveille, sollicita la continuation de ses services et l'engagea à reprendre sans retard possession de son poste. M. d'Eyragues retourna donc à

Copenhague, où il demeura encore deux ans. Mais une violente épidémie de fièvre typhoïde, dont il fut gravement atteint, l'ayant obligé de quitter le Danemark pour aller se rétablir en France, il y revenait souffrant, découragé, inquiet de son avenir, ne sachant pas s'il pourrait obtenir un changement de résidence, lorsqu'en arrivant à Bruxelles, il y apprit, sans préparation, sa nomination au poste de secrétaire de la légation de France à la Haye. Cette nouvelle inespérée lui rendit incontinent ses forces et son courage, car la Haye, à cette époque, était un poste d'importance où s'agitait et se traitait la question la plus grosse et la plus redoutable du moment. Il y devint presque aussitôt chargé d'affaires, et justifia, dans les circonstances difficiles et délicates au milieu desquelles il se trouva placé, la bonne opinion que le département des affaires étrangères avait conçue de son mérite.

On se rappelle, en effet, que le triomphe de la révolution belge venait de porter une grave atteinte aux droits des souverains légitimes, et que l'admission de cette nationalité nouvelle dans le concert européen ouvrait une large brèche dans les actes du Congrès de Vienne, que l'Europe avait, en 1815, directement et systématiquement constitués contre nous. Les raisons qui portaient la France à soutenir les Belges contre les Hollandais poussaient tout au contraire les cours du Nord à aider le Roi de Hollande contre ses sujets révoltés. Le Roi de Prusse particulièrement, beau-frère de ce monarque, et dont les successeurs et les prédécesseurs se sont toujours placés au premier rang de nos ennemis, était tout prêt à appuyer par les armes la tentative que le Roi de Hollande méditait contre Bruxelles. La fermeté du nouveau gouvernement arrêta brusquement les velléités agressives qu'on nourrissait complaisamment à Berlin. Dès la fin de septembre 1830, en effet, M. le Comte Molé signifiait poliment, mais résolûment, au Baron de Werther, ministre de Prusse à Paris, que si les Prussiens mettaient le pied en Hollande, ils y rencontreraient l'armée française, y entrant elle-même par la frontière de la Belgique. La Prusse se récria, protesta contre les prétentions de la France de lui lier ainsi les mains; mais l'armée prussienne, qui commençait à se mettre en marche, s'arrêta court, et la Belgique fut préservée.

Ce sont les longues et laborieuses négociations ouvertes à Londres au sujet de la reconnaissance du nouvel État belge que M. le Marquis d'Eyragues était chargé de suivre à la Haye. Il se mit aisément à la hauteur de cette mission importante et difficile, et sa correspondance témoigne de la hauteur et de la prévoyance de ses jugements. Ses dépêches, attendues avec impatience, étaient lues avec empressement et intérêt, non-seulement à Paris, mais encore à Londres, où le Prince de Talleyrand, qui y représentait la France, lui avait demandé de correspondre directement avec lui. — Cette intéressante campagne diplomatique, vaillamment et prudemment conduite dans un pays et près d'une cour dont les forces militaires étaient aux prises avec les nôtres, plaça décidément M. d'Eyragues au premier rang de nos agents. Aussi, à son retour à Paris, reçut-il du Roi et de M. le Duc de Broglie, qui tenait le portefeuille des affaires étrangères, l'accueil le plus flatteur et le plus empressé. M. de Broglie voulait même le nommer tout de suite chef de mission, déclarant que ses services exceptionnels le plaçaient au-dessus des exigences hiérarchiques. Mais le jugement et le bon sens de M. d'Eyragues lui firent bien vite prévoir que l'accomplissement de ces obligeantes promesses souffrirait nécessairement de grandes incertitudes et des lenteurs inévitables. Aussi, ne voulant pas lâcher la proie pour l'ombre, il demanda lui-même et obtint immédiatement le poste de premier secrétaire d'ambassade à Constantinople qui se trouvait en ce moment vacant.

L'ambassade de France à Constantinople est, sans contredit, un des postes les plus importants de la carrière diplomatique; et cette importance, au moment où s'y rendait M. d'Eyragues (novembre 1837), était devenue plus grande encore, par suite de l'hostilité flagrante qui venait d'éclater entre le Pacha d'Égypte et le Sultan.

Le traité de Kutaya, signé l'année précédente entre le Sultan Mahmoud et Méhémet-Ali, n'avait fait qu'irriter la haine et les rancunes que le Sultan portait à son puissant vassal; et l'Europe, divisée, mais attentive, s'appliquait à exploiter au profit de ses intérêts, mais surtout au profit de ses passions particulières, les redoutables incidents qui devaient nécessairement surgir d'un pareil état de choses. L'Angleterre, représentée à Constantinople par lord Ponsonby, poussait la Porte à recommencer les hostilités contre l'Égypte. Flattant habilement la passion du Sultan, il le pressait, en lui promettant l'appui de l'Angleterre, de revenir sur les concessions que lui avait arrachées le désastre de Koniah. La France, au contraire, très-engouée de Méhémet-Ali, partageant et subissant les illusions et toutes les fantaisies que la presse et la tribune françaises accréditaient bruyamment en sa faveur, se refusait contre son protégé à toutes mesures coercitives, et prétendait lui assurer amiablement, à titre héréditaire, la possession des territoires qu'il ne gouvernait que viagèrement.

Au milieu de ces conflits et de ces luttes d'influence, dont la malveillance avouée de l'Empereur Nicolas et la jalousie secrète de lord Palmerston firent, deux ans plus tard, sortir le traité du 15 septembre, M. d'Eyragues devint chargé d'affaires à la suite du départ de notre ambassadeur, M. l'amiral Roussin, qui se rendit en France au mois d'octobre, en vertu d'un congé. Il se montra sur ce théâtre élevé ce qu'il avait été à Copenhague et à la Haye, fin, pénétrant et droit. Les considérations et les récits que renferment ses Mémoires sur les intérêts de la politique française en Orient, sur les mœurs des populations, les magnificences de la nature, les richesses et les ressources de ce splendide pays, mais aussi sur la corruption et la férocité de la cour de Constantinople, sont frappants et attachants. — Il en est un, entre autres, que le lecteur me saura gré de reproduire ici : c'est le récit de la mort de Peterff-Pacha que M. d'Eyragues avait beaucoup connu à Constantinople en 1837, et dont les détails odieux et dra-

matiques lui furent racontés deux ans plus tard à Paris par Reschid-Pacha lui-même, qui avait dû à Peterff son élévation et sa fortune. — « Dans l'été de 1839, écrit
» M. d'Eyragues (page 66), alors que j'étais
» chef du cabinet du maréchal Soult, Res-
» chid-Pacha, ambassadeur de Turquie en
» France, me fit demander une entrevue
» pour causer avec lui des graves affaires
» d'Orient. C'était peu de jours après que
» nous avions reçu la nouvelle que le Sultan
» Mahmoud venait de mourir presque subi-
» tement, et juste au moment où il déclarait
» de nouveau la guerre à Méhémet-Ali. Je
» rencontrai Reschid chez M. Desgranges,
» ancien premier drogman à Constanti-
» nople, et alors secrétaire-interprète du
» Roi pour les langues orientales. L'appar-
» tement de M. Desgranges était situé quai
» Voltaire, et avait une vue magnifique sur
» la Seine. Le jour touchait à sa fin; les der-
» niers rayons du soleil couchant tombaient

» sur la rivière et n'éclairaient la chambre
» où nous nous trouvions que d'une clarté
» douteuse, tout à fait mélancolique. La
» question politique épuisée, nous parlâmes
» de Constantinople, des personnes que j'y
» avais connues, de Peterff-Pacha, entre
» autres, de Vassaf-Effendi, son gendre, et
» je demandai à Reschid si Peterff-Pacha
» n'était pas mort, comme Vassaf, par les
» ordres du Sultan. Reschid se montra ému
» (ce qui est rare chez les Orientaux), et,
» après un moment d'hésitation, il me ré-
» pondit : « Il est vrai qu'il a été étranglé
» comme Vassaf par les ordres du Maître. »
» Puis il me donna ces détails : Peterff-
» Pacha, renversé du pouvoir, avait accepté
» avec résignation sa disgrâce, et, en atten-
» dant des jours meilleurs, il se croyait hors
» de l'atteinte de ses ennemis dans son Pa-
» chalik d'Andrinople. Mais comme ceux-ci
» redoutaient beaucoup sa capacité et le
» goût que le Sultan avait toujours témoi-

» gné pour lui, ils pensèrent que tant qu'il
» serait vivant on pouvait craindre son re-
» tour au pouvoir. Ils complotèrent donc
» de le faire périr, et, dans une de ces
» orgies auxquelles le Sultan se livrait fré-
» quemment dans les derniers temps de sa
» vie, on lui arracha l'ordre de mettre à
» mort Peterff-Pacha. Cet ordre obtenu, un
» officier de la maison du Sultan partit sans
» délai pour le faire mettre à exécution. Cet
» officier se rendit à cheval en quelques
» heures à Andrinople, de façon à y arriver
» avant que les fumées de l'ivresse fussent
» dissipées et que le Sultan pût revenir sur
» l'ordre qu'il avait donné. L'officier arrive
» vers le soir à Andrinople et descend
» directement chez Peterff - Pacha, qu'il
» trouve à son divan, entouré, selon l'usage
» oriental, de ses familiers et d'une foule
» de solliciteurs. Il est reçu avec courtoisie;
» on boit le café, on fume, on parle des
» nouvelles de Constantinople. Peu à peu

» les visiteurs s'éloignent les uns après les
» autres, et la nuit arrive. C'est alors que
» l'officier fait connaître l'ordre dont il est
» porteur et communique au Pacha le fir-
» man qui le condamne à mourir. Deux
» cawas l'ont accompagné ; ils sont là dans
» l'antichambre, prêts à exécuter la sen-
» tence. Peterff ne se trouble pas, ne
» cherche ni à résister ni à gagner du temps.
» Il porte le firman à ses lèvres, bénit le
» Sultan, et après avoir donné à voix basse
» quelques ordres à son secrétaire intime,
» seul témoin de cette terrible scène (ce der-
» nier en fit plus tard le récit à Reschid), il
» se livre à ses bourreaux qui l'étranglent
» immédiatement. Une heure après, on
» annonça dans Andrinople que Peterff-
» Pacha était mort d'une attaque d'apo-
» plexie. C'est en turc que Reschid me
» faisait ce récit d'une voix basse, lente,
» profondément émue, et chaque phrase
» était immédiatement traduite par Des-

» granges. L'émotion passait du narra-
» teur à Desgranges et de Desgranges à
» moi, à mesure que ce dramatique récit
» avançait. Et quand il fut achevé, nous
» restâmes tous les trois plongés dans un
» morne silence. — J'avais connu Peterff
» au pouvoir. Sa mine fière et intelligente,
» son regard profond et inquisiteur m'a-
» vaient singulièrement frappé. C'est lui
» qui la veille de mon départ de Constanti-
» nople me conduisit en audience de congé
» chez le sultan, et je me le représentais
» offrant sa belle tête au lacet des cawas et
» misérablement étranglé sur son divan.
» Pendant le récit de Reschid, la nuit était
» venue, l'obscurité dans laquelle nous nous
» trouvions plongés ajoutait encore à notre
» émotion à tous trois. Reschid fut le pre-
» mier qui rompit le silence en déplorant la
» triste fin de son ami; il ne proféra cepen-
» dant aucun blâme contre son ancien
» maître, ni récriminations contre l'état

» d'une société où de pareils crimes étaient
» possibles. »

⁂

Après trois années de séjour à Constantinople, M. d'Eyragues reçut l'autorisation de revenir en France. Il venait de montrer une fois de plus qu'il était apte à gérer les grandes affaires, et à représenter dignement la France dans tous les postes qui lui seraient confiés.

Débarqué à Marseille au mois de septembre 1837, il dut y subir, à cause de la peste qui ravageait Constantinople au moment de son départ, une longue quarantaine de vingt-deux jours, avant de pouvoir rejoindre et embrasser sa mère qui était venue l'attendre à Eyragues; il y passa près d'elle quelques semaines, heureux de retrouver les joyeux souvenirs de sa jeunesse et le charme si grand des affections de la famille, dont la privation est la plus dure épreuve de la carrière diplomatique.

Sa première visite à Paris fut pour le Comte Molé, qui était redevenu président du Conseil et secrétaire d'État des affaires étrangères. M. Molé le reçut comme il méritait de l'être, et le Roi Louis-Philippe voulut bien le complimenter avec chaleur sur la manière dont il avait géré les affaires de l'ambassade. Il reçut également du ministre et du Roi la formelle assurance que le premier poste diplomatique vacant lui serait réservé.

Mis en disponibilité sur sa demande, et certain désormais de l'avenir de sa carrière, M. le Marquis d'Eyragues passa tout l'hiver de 1837 à 1838 à Paris, jouissant, avec un entrain et un plaisir que peuvent seuls apprécier ceux que la carrière diplomatique oblige à vivre à l'étranger, de ce mouvement intellectuel, de ces relations faciles, variées, intéressantes, qui font certainement de Paris la ville par excellence, le centre des plaisirs et des affaires, et la capitale du monde européen. Introduit par ses affinités et ses alliances dans les salons les plus recherchés de Paris; mis en relation par l'éclat de ses services et la distinction de sa personne avec les hommes les plus marquants de cette époque, il y devint presque à la mode, nous dit-il gaiement lui-même, grâce à la belle décoration que le Sultan lui avait remise à son départ de Constantinople, et dont les magnifiques diamants produisaient le plus superbe effet. Mais il rencontra, dans cet hiver de 1838, quelque chose de plus charmant encore que tous les agréments de la vie la plus brillante, et de mille fois plus précieux que tous les diamants de son Nichan. Il rencontra, en effet, celle qui devait être la noble et chère compagne de toute sa vie, l'amie fidèle et tendre, et comme la seconde moitié de son âme;

celle enfin qui, pendant trente-cinq ans d'une union sans traverse et sans nuage, a partagé les joies et les douleurs, les succès et les mécomptes dont tout homme ici-bas, si heureux qu'il puisse être, doit nécessairement subir le contact et l'épreuve.

Mademoiselle de Morell, alliée par sa mère aux plus grandes maisons de France, appartenait par son père à une noble et ancienne famille normande, dont l'illustration remonte à Guillaume le Conquérant. En dehors des avantages de sa naissance et des charmes de sa personne, elle avait, ce qui vaut plus encore, toutes les vertus simples et modestes qui inspirent encore à ceux qui ont l'honneur de la connaître la sympathie, le dévouement et le respect. Aimable, pieuse et gaie, vertueuse sans élan comme sans effort, la bonté de madame d'Eyragues est en effet si douce et si constante, qu'il semble que c'est pour elle que sont écrites les paroles suivantes adressées il y a deux siècles à cette charmante Lady Russel, dont M. Guizot, dans le plus attachant récit (1), a tracé la douce et héroïque figure : « Il n'y a dans le monde, lui écrivait » en 1665 un ami de son mari, point de » charme comparable à celui de la bonté, » et vous en êtes la meilleure preuve : tous » ceux qui vous connaissent se sentent » forcés de vous honorer, et vous ne leur » devez aucune reconnaissance, car ils ne » peuvent faire autrement. » Et puisque j'ai eu l'heureuse et précieuse fortune de servir pendant sept ans sous les ordres de M. le Marquis d'Eyragues, et de jouir auprès de lui du spectacle le plus charmant et le plus rare, celui d'une union profonde et tendre, il me sera bien permis de dire que je n'en ai jamais vu de plus heureuse, et qu'elle a eu pour moi l'attrait et la puissance d'un

---

(1) *L'Amour dans le mariage.*

véritable apostolat. J'ai rencontré dix ans plus tard, en effet, la même union, le même bonheur dans le mariage; j'ai vu se réaliser à mon tour, hélas! pour l'espace d'un instant, le charme, l'enivrement, la paix et la sécurité d'une affection heureuse et pure, et j'ai toujours remercié Dieu, qui a fait de mon heureux mariage le point de départ et comme la grâce originaire de ma bienheureuse vocation, de m'y avoir en quelque sorte préparé, en me faisant comprendre, par le spectacle dont j'étais le témoin, qu'une pieuse et fidèle compagne est le don le plus précieux que le Seigneur nous puisse accorder sur la terre, et que, de toutes les influences humaines, celle d'une femme bonne, intelligente, chrétienne et tendrement aimée est la plus puissante, la plus féconde et la plus sainte.

Marié le 29 mars 1838, à la chapelle de la Chambre des Pairs, par Mgr Gallard, alors évêque de Meaux, M. d'Eyragues fut appelé l'année suivante à remplir les fonctions importantes de chef du cabinet du maréchal Soult, devenu, après l'émeute du 12 mai, ministre des affaires étrangères et président du conseil. Il avait eu, quelques mois auparavant, la bonne fortune de l'accompagner en Angleterre, et d'assister non-seulement à toutes les pompes du couronnement de la Reine Victoria, mais encore aux ovations enthousiastes dont le maréchal y avait été l'objet. Ce voyage en Angleterre est un des épisodes les plus intéressants des Mémoires de M. d'Eyragues. La politique, d'ailleurs, n'y est pas oubliée; après dix-huit mois de loisir, en effet, il rentrait, dans les circonstances les plus sérieuses, en pleine politique intérieure et extérieure. Car c'était devant l'émeute, d'une part, que le ministère s'était formé; et ce fut, de l'autre, quelques jours après sa formation qu'arrivèrent à Paris, coup sur coup, les nouvelles de la reprise des hostilités entre

Mahmoud et Méhémet-Ali : celle de la défection de la flotte ottomane et de la mort du Sultan.

Les Mémoires de M. d'Eyragues retracent à grands traits et avec toute la connaissance qu'il possédait des affaires d'Orient les complications qui surgirent, pour l'Europe et pour la France, de ces événements considérables. On y retrouve la politique haineuse et tracassière de lord Palmerston, le mauvais vouloir de l'Empereur Nicolas contre la France, et surtout l'engouement du Roi Louis-Philippe pour le pacha d'Égypte, que M. d'Eyragues ne partageait nullement. Il essaya plusieurs fois de ramener le maréchal et le Roi lui-même à une plus juste appréciation de la valeur de Méhémet-Ali, et de leur faire envisager les mécomptes que devait entraîner pour la France la partialité que le gouvernement et l'opinion publique nourrissaient en sa faveur. Le traité du 15 juillet 1840 vint confirmer malheureusement ses judicieuses prévisions; mais à cette époque le maréchal n'était plus aux affaires, et ce fut de Carlsruhe que M. d'Eyragues vit tomber comme un château de cartes ce fameux établissement égyptien, sur lequel le Roi Louis-Philippe se faisait l'illusion de compter, en cas de conflit avec l'Angleterre, comme sur un allié puissant et assuré.

Le maréchal, en effet, avant de quitter le ministère, avait fait signer par le Roi la nomination de M. le Marquis d'Eyragues au poste de ministre plénipotentiaire de France près la cour de Bade; c'est à cette époque que commencèrent les relations que ma reconnaissance et mon respect, d'une part, sa bienveillance et son amitié, de l'autre, ont rendues les plus précieuses et les plus chères de toute ma vie.

Au moment où M. le Duc de Dalmatie prenait possession, en 1839, du département des affaires étrangères, j'étais attaché depuis quatre ans à la direction politique de ce département; et comme il avait, sous le premier Empire, beaucoup connu mon père, et qu'il voulait bien, ainsi que madame la maréchale, m'honorer de ses bontés, le maréchal pensa tout d'abord à m'attacher à son cabinet. Mais cette combinaison, très-avantageuse à une époque où les attachés au cabinet du ministre ne se comptaient pas par douzaines, ne put malheureusement se réaliser en ma faveur, par suite de l'opposition de M. d'Eyragues lui-même. Ce fut lui qui décida la juste préférence du maréchal en faveur de mon cher ami et regretté collègue le Comte de Marescalchi, qui venait d'épouser mademoiselle de Pange et se faire naturaliser Français. M. le maréchal, à titre de compensation, voulut bien décider, de concert avec M. Desages, que je suivrais à Carlsruhe M. d'Eyragues, aussitôt qu'Ernest Bresson, qui y remplissait depuis longtemps les fonctions de secrétaire de légation, aurait reçu la nouvelle destination qu'il attendait.

C'est ainsi que, sans l'avoir souhaité, je me trouvai placé sous les ordres de M. le Marquis d'Eyragues. Je le connaissais à peine à cette époque, ne l'ayant rencontré qu'une fois ou deux dans le cabinet du maréchal; et je dois avouer que la réserve de son premier accueil n'avait pas laissé de m'intimider un peu et de me préoccuper beaucoup. Mais sa réserve et sa froideur n'étaient, Dieu merci, qu'à la surface; car à toutes les qualités de l'intelligence et de l'esprit M. d'Eyragues joignait le cœur le plus bienveillant et le meilleur. Aussi, dès les premiers jours de mon arrivée à Carlsruhe, elles avaient complétement disparu devant l'exactitude et la discrétion de mes services, que M. d'Eyragues voulut bien agréer avec l'indulgence et la bonté qui étaient le fond de sa nature. Admis dans l'honneur de sa confiance et dans l'intimité de sa maison, je devins le témoin de sa vie, le confident et le très-humble collaborateur de ses travaux, comme il devint lui-même le maître et le modèle dont les exemples et les conseils m'ont appris à l'imiter et à le suivre dans cette belle et difficile carrière diplomatique que nous devions tous deux quitter avant le temps.

Le poste de Carlsruhe était à cette époque, car il a été supprimé depuis la guerre de 1870, un des moins désobligeants et des moins ennuyeux de toute la Confédération germanique. La proximité de la France, la saison des eaux de Bade, où le corps diplomatique se rendait pendant l'été, lui donnaient, à défaut des ressources sociales dont les petites capitales allemandes sont absolument dépourvues, un charme et un agrément exceptionnels. Il était encore, pour un homme de la valeur de M. d'Eyragues, qui sait tirer parti de tout, un poste d'observation intéressant et utile.

Très-dédaigneuse des mesquines intrigues qui agitaient et divisaient entre eux les petits États allemands, la France n'en suivait pas moins, avec l'attention qu'elles méritaient, les rivalités et les compétitions qui étaient à la fois le frein de leurs mauvaises passions et la sauvegarde de leur indépendance; chacune de ces petites cours allemandes était un observatoire précieux et comme un écho fidèle des passions sourdes, mais ardentes, dont la guerre de 1866 nous a donné le dernier mot. Étendant sur le reste de l'Allemagne une vue perçante et ferme, M. d'Eyragues sut transmettre de Carlsruhe des informations intéressantes, des avis aussi judicieux que prévoyants. Dans la crise notamment qui suivit le traité du 15 septembre, et alors que M. Thiers, pour se distraire sans doute du dépit qu'il en avait conçu, tenait contre l'Allemagne le plus imprudent langage, M. d'Eyragues n'eut pas de peine à découvrir que l'Allemagne de 1840 n'était plus l'Allemagne de 1806, et que le sentiment de l'unité, devenu depuis 1813 la passion la plus violente et comme le dernier mot du patriotisme germanique, ne permettrait à aucun souverain allemand de s'allier avec la France, ni même de rester neutre, dans le cas où la France commettrait la faute immense de provoquer et d'attaquer l'Allemagne. Hélas! nous n'avons que trop appris à nos dépens la clairvoyance et la sûreté de ces avis.

Après six années de séjour à Carlsruhe, M. d'Eyragues fut envoyé à Dresde, en remplacement de M. de Bussière, nommé lui-même ambassadeur à Naples; et grâce à l'affectueuse persévérance de ses instances et en dépit du mauvais vouloir de M. Guizot, que les traditions et les souvenirs du nom que je portais ne prévenaient, paraît-il, nullement en ma faveur, j'eus le bonheur de l'y rejoindre l'année suivante en qualité de premier secrétaire de légation. Dans ce poste plus élevé, et qui était (car il n'existe plus aujourd'hui) le poste avancé de la France sur la Vistule et sur la Sprée, la correspondance de M. d'Eyragues s'éleva et s'agrandit avec son horizon. Il se trouva très-heureusement en position d'éclairer et de renseigner le gouvernement du Roi sur les origines et les atrocités des luttes épouvantables dont la Gallicie, en 1846, venait d'être le théâtre; il le fit d'autant plus exactement que Dresde était le rendez-vous de nombreuses familles polonaises, venues de Lemberg et de Posen, et que parmi les hommes qu'il avait l'occasion d'y rencontrer, il s'en trouvait quelques-uns d'un caractère et d'un esprit sensés et distingués. Sans partager les engouements irréfléchis que les malheurs de la Pologne ont excités en sa faveur, M. d'Eyragues jugeait et appréciait les Polonais sans prévention comme sans partialité. Il rendait justice à leur courage, à la générosité un peu superficielle de leur esprit; il admirait leur nationalité opiniâtre qui survivait à trois partages; mais il appréciait, en les déplorant, les divisions de cette nation tumultueuse, qui, sans accord, sans gouvernement et sans armée, s'était livrée pour ainsi dire elle-même et se livre encore périodiquement, sans direction et sans défense, à l'insatiable avidité de ses voisins.

L'incorporation de la République de Cracovie à l'Empire d'Autriche fut encore pour M. le Marquis d'Eyragues l'occasion de témoigner de la droiture et de la clairvoyance de ses jugements. Cette incorporation elle-même était fort peu de chose; mais elle attestait, de la part des trois Cours qui venaient de l'accomplir, un audacieux dédain des traités dont elles avaient cependant largement bénéficié contre la France, en même temps qu'elle indiquait l'orgueilleuse prépotence dont l'Empereur Nicolas, qui l'a chèrement expiée dix ans plus tard devant Sébastopol, aimait alors à faire parade à l'endroit de ses voisins. — La correspondance de M. d'Eyragues, dont j'avais l'heureuse fortune de copier les dépêches, renferme sur ce fait en lui-même et sur les causes qui l'ont déterminé les renseignements les plus précis et les plus intéressants. Ses Mémoires ne font qu'en reproduire sommairement la substance, mais ils suffisent à nous montrer combien il voyait juste dans la politique des trois Cours, momentanément unies contre la France, et combien il appréciait sainement les convoitises et les passions de cette nation allemande, dont la débonnaireté vantarde et mensongère ressemble à celle du loup-cervier qui se dissimule et se dérobe devant le sabre ou le bâton du garde champêtre, mais qui se livre sans merci, quand il est le plus fort, à la brutale intempérance de ses grossiers instincts.

Cependant, un mérite comme celui de M. le Marquis d'Eyragues ne pouvait rester enseveli dans l'insignifiance relative des petits États allemands. Le Roi Louis-Philippe, qui l'estimait et le goûtait, le destinait aux grandes affaires. Il venait de le nommer en attendant Grand Officier de la Légion d'honneur, et devait lui conférer la pairie dès qu'il ferait de nouveaux Pairs, lorsque M. d'Eyragues, sur le conseil et sur l'invitation de M. Guizot, quitta Dresde au mois de novembre 1847 pour aller, avec madame d'Eyragues et ses enfants, passer tout l'hiver à Paris. Hélas! trois mois plus tard, ces brillantes espérances étaient détruites; ce fut sous ses yeux que l'émeute de février 1848, renversant un trône dont dix-huit années de prospérité semblaient avoir affermi les assises, vint briser sa carrière au moment où elle lui promettait de nouveaux et de plus grands succès.

Si imprévu et si cruel que fût le coup qui

atteignait en même temps ses sentiments et sa fortune, M. d'Eyragues le subit sans amertume et sans faiblesse; il avait d'ailleurs auprès de lui, dans la personne de sa chère compagne, dans les affections et les respects dont il était environné, des compensations supérieures encore à tout ce qu'il perdait. Il avait traversé vaillamment l'agitation des affaires et les soucis de la politique; il se reposa doucement et noblement dans les pures affections de la famille et les plaisirs sans trouble de l'étude.

Après la catastrophe de février, M. d'Eyragues avait, sans la moindre hésitation, résigné son poste d'ambassadeur à Dresde; mais au milieu de l'anarchie brutale à laquelle était livré Paris, il lui fallait trouver un établissement et un refuge, pour y mettre en sécurité sa femme et ses enfants. Il en possédait un à Falaise, patrie de Guillaume le Conquérant et berceau de la famille de Morell d'Aubigny. M. d'Eyragues se décida à y conduire toute sa famille, et quitta Paris le 16 mars pour aller prendre possession de l'hôtel héréditaire que madame d'Eyragues y possédait.

Falaise, en dépit de ses neuf mille habitants, est une ville exceptionnelle et véritablement charmante par sa situation heureuse et pittoresque, par la beauté de ses environs, par ses souvenirs historiques, et surtout par les rares ressources sociales qu'elle renferme dans son sein. Elle est peuplée de beaux hôtels, habités pendant l'hiver par d'anciennes et riches familles qui ont eu, jusqu'à présent, le bon esprit et le bon goût de demeurer chez elles, et de rester indifférentes aux splendeurs attractives de la ville de Paris. La société, l'hiver, y est nombreuse et élégante, et, à tous les avantages de bien-être et de sécurité que son séjour offrait à cette époque odieuse et redoutable, elle avait encore pour madame la Marquise d'Eyragues celui de lui rappeler les souvenirs de son enfance et les illustrations de sa famille. Les Morell d'Aubigny, en effet, ont été pendant plusieurs générations consécutives, et jusqu'en 1789, gouverneurs de la ville de Falaise; et j'ai quelquefois visité avec M. d'Eyragues, à peu de distance de la forteresse de Guillaume le Conquérant, ce qui reste encore de l'ancien château de la Courbonet, où Henri IV, devenu l'hôte et l'ami de Jean de Morell, établit son quartier général, lorsqu'en 1589 il fit le siége de la ville de Falaise, occupée par le maréchal de Brissac.

C'est dans cette ville modeste, élégante et tranquille, que M. d'Eyragues a passé les vingt-six dernières années de sa vie. Il y était l'objet de la considération et de l'estime universelles; sa maison hospitalière était le centre d'une société polie, joyeuse, intelligente, dont madame la Marquise d'Eyragues était l'âme, et dont ses charmantes filles étaient la joie et la parure. C'est là qu'il vit naître son second fils, don précieux, nous dit-il, que la miséricordieuse Providence accordait à son âge mûr, et qui rappelle son père par les traits, par l'intelligence et par le cœur.

Dix ans plus tôt, son fils aîné, Henri d'Eyragues, était venu au monde à Carlsruhe; et lorsque, à cette époque, je dressais, en ma qualité de secrétaire de Légation faisant les fonctions d'officier de l'état civil, son acte de naissance, j'étais loin de prévoir que la Providence de Dieu me réservait, quinze ans plus tard, la grâce presque miraculeuse de bénir, comme Prêtre du Seigneur, dans l'église de la Trinité de Falaise, le mariage de sa sœur Susanne, aujourd'hui Comtesse de Frotté. — Henri d'Eyragues, officier dans le 4ᵉ régiment de hussards, a repris dans l'armée la place qu'y ont occupée son aïeul et son grand-père. Dans les terribles et sanglantes catastrophes de la journée à jamais néfaste de Sedan, il a su montrer que le courage et la valeur sont toujours les traditions de sa famille et de sa race.

C'est dans cette heureuse et douce retraite de Falaise, que M. le Marquis d'Eyragues quittait tous les étés pour venir habiter le château de Lisy-sur-Ourcq, dans le département de Seine-et-Marne, que nous l'avons nous-même revu et visité souvent. Je me suis affligé quelquefois de l'inaction à laquelle il condamnait sa vie, et ma vieille amitié ne lui a jamais caché les regrets qu'elle éprouvait alors de le voir ainsi priver la France de ses services. Mais les affections et les regrets ne se commandent pas : M. d'Eyragues avait vu s'écrouler tour à tour deux dynasties et deux gouvernements qu'il avait loyalement et fidèlement servis. Il leur sacrifia généreusement les intérêts de sa fortune, refusant sans éclat et sans effort les propositions brillantes que l'Empereur Napoléon III, qui connaissait par sa tante, madame la Grande-Duchesse de Bade, la valeur et la distinction de sa personne, lui fit adresser à deux reprises. — C'est, hélas! le grand malheur de nos révolutions fréquentes et périodiques, de faire dans les générations élevées de vastes coupes réglées qui renouvellent en un moment la face de la France gouvernante; mais c'est aussi l'honneur d'un cœur bien né de se sentir touché de satiété et de dégoût à la vue de ces catastrophes qui jettent de côté, à l'instant, ce que la veille encore la France aimait et respectait. L'ambition, d'ailleurs, a-t-il écrit lui-même, n'avait jamais mordu son cœur; et bien qu'il lui fût dur de perdre à tout jamais les fruits d'une belle carrière qu'il avait mis vingt-quatre ans à parcourir, il s'est toujours félicité de lui avoir courageusement préféré le calme et la dignité de sa vie, et d'en avoir renfermé tout le bonheur dans les affections de la famille et les joies de la vie privée.

C'est enfin dans cette ville de Falaise, où le souvenir de ses exemples et la mémoire de ses bienfaits vivront et se perpétueront longtemps, que la mort est venue le saisir, sans le surprendre, car il la voyait approcher et s'y préparait depuis longtemps. Les douleurs névralgiques dont il avait souffert dans les premières années de sa jeunesse avaient pris, depuis cinq ans surtout, un caractère aigu et menaçant. Le mal, envahissant de plus en plus les organes de la vie, en tarissait lentement la source et devait finir par l'épuiser..... C'est à l'âge de soixante-neuf ans, après de longs jours de souffrances, pendant lesquels sa noble et courageuse compagne ne le quitta pas un seul instant, qu'entouré de ses enfants et de ses petits-enfants, élevés dans l'imitation de ses exemples, M. d'Eyragues, en sa pleine connaissance, remit pieusement son âme à Dieu. Il est mort avec le courage d'un martyr, la résignation d'un chrétien, et la sérénité d'un honnête homme qui a rempli dignement et noblement la durée de la vie que Dieu lui avait assignée sur la terre. C'est en invoquant la miséricorde de son divin Sauveur, c'est en lui demandant pour sa pauvre et chère compagne, priant et sanglotant près de son lit, la force de se soumettre aux souveraines dispensations de sa Providence, qu'il est entré, nous en avons le ferme espoir, dans les joies et les splendeurs de sa bienheureuse éternité. — Dieu, qu'il a toujours aimé et fidèlement servi, exaucera la dernière prière et le dernier vœu de son cœur. Il lui fera miséricorde parce qu'il a été lui-même bon, charitable et miséricordieux. Dieu donnera encore à celle qui l'a tant aimé sur la terre, et dont le cœur demeure à tout jamais brisé, le soulagement que la foi seule peut apporter aux âmes accablées et éprouvées, celui de pleurer dans la soumission et l'espérance, en lui faisant comprendre qu'il n'y a pas à disputer avec le Tout-Puissant, et que la mort, quand elle aura fini sa tâche, nous rendra dans le ciel, si nous savons le mériter, les âmes bien-aimées qui nous aiment, nous espèrent et nous attendent là-haut.

Pour nous qui avons aimé et honoré M. d'Eyragues d'une affection profonde et respectueuse, c'est dans le souvenir de sa bienveillance, de sa loyauté, de la fidélité de son cœur et de la supériorité de son esprit, que nous aimons à rechercher le soulagement de son absence. Ses Mémoires, sous ce rapport, nous ont été précieux à lire, car il s'y est peint au naturel, et nous l'y avons retrouvé tout entier. Ils seront également précieux à lire par tous ceux qui n'ont pas eu le bonheur de le connaître, parce qu'ils sont l'œuvre d'un esprit fin, judicieux, ferme, profondément honnête, et qu'ils sont on ne peut plus intéressants par les récits et les jugements qu'ils renferment sur les hommes et sur les choses de son époque et de son temps.

Nous citions au début de ce pauvre et imparfait travail une parole de Vauvenargues, sur laquelle nous nous plaisons à revenir en finissant : « Quand je trouve dans un ouvrage un jugement net et profond, une grande imagination avec une grande sagesse, nul effort pour paraître grand, une extrême sincérité et point d'art que celui qui vient de l'esprit et du cœur, je respecte l'auteur et je m'attache à lui par les côtés les plus généreux de ma conscience et de mon âme. » — Ces paroles résument exactement les impressions qui s'imposeront aux lecteurs de ces Mémoires. Car pour tous ceux qui veulent se faire une juste idée de la droiture et de l'honneur, alliés en une même personne à l'esprit, à l'élégance, à la profondeur et au bon sens, M. le Marquis d'Eyragues, dans ses Mémoires, apparaît comme une figure vivante qui explique le plus clairement cet assemblage et le commente le mieux.

Paris, le 6 mai 1875.

E. DE MENEVAL,

Prélat de la Maison du Saint-Père,
ancien Ministre plénipotentiaire de France.

Paris. Typographie de E. Plon et Cie, rue Garancière, 8.

www.ingramcontent.com/pod-product-compliance
Lightning Source LLC
LaVergne TN
LVHW050608090426
835512LV00008B/1402